# — THIS —
# *Crochet*
## PROJECT BOOK
### BELONGS TO

# Index

| Name | For | Page |
|------|-----|------|
|      |     |      |

| Name | For | Page |
| --- | --- | --- |
| | | |
| | | |
| | | |
| | | |
| | | |
| | | |
| | | |
| | | |
| | | |
| | | |
| | | |
| | | |
| | | |
| | | |
| | | |
| | | |
| | | |
| | | |
| | | |
| | | |

| Name | For | Page |
|------|-----|------|
|      |     |      |
|      |     |      |
|      |     |      |
|      |     |      |
|      |     |      |
|      |     |      |
|      |     |      |
|      |     |      |
|      |     |      |
|      |     |      |
|      |     |      |
|      |     |      |
|      |     |      |
|      |     |      |
|      |     |      |
|      |     |      |
|      |     |      |

# Project

**Name:** _____

For: _____  Occasion: _____
Start date: _____  End date: _____

## Type of project: _____

Name of pattern: _____

```
┌─────────────────────────────────────┐
│                                     │
│           SKETCH/PHOTO              │
│                                     │
│                                     │
│                                     │
│                                     │
│                                     │
│                                     │
│                                     │
└─────────────────────────────────────┘
```

## Yarn:

Color/Dye lot: _____
Fiber: _____
WPI: _____
Gauge: _____
Weight: _____

SAMPLE & LABEL

## Hook: _____

## Washing instructions: _____

## Additional notes: _____

# *Project*

**Name:**

For: _____  Occasion: _____

Start date: _____  End date: _____

**Type of project:**

Name of pattern:

```
SKETCH/PHOTO
```

## Yarn:

Color/Dye lot:
Fiber:
WPI:
Gauge:
Weight:

SAMPLE & LABEL

## Hook:

## Washing instructions:

## Additional notes:

# Project

**Name:** _____

For: _____ Occasion: _____

Start date: _____ End date: _____

## Type of project: _____

Name of pattern: _____

```
SKETCH/PHOTO
```

## Yarn:

Color/Dye lot:
Fiber:
WPI:
Gauge:
Weight:

SAMPLE & LABEL

## Hook:

## Washing instructions:

## Additional notes:

# Project

**Name:** _____

For: _____ Occasion: _____

Start date: _____ End date: _____

## Type of project: _____

Name of pattern: _____

```
SKETCH/PHOTO
```

## Yarn:

Color/Dye lot:
Fiber:
WPI:
Gauge:
Weight:

SAMPLE & LABEL

## Hook:

## Washing instructions:

## Additional notes:

# Project

**Name:** _____

For: _____  Occasion: _____

Start date: _____  End date: _____

## Type of project: _____

Name of pattern: _____

```
┌─────────────────────────────────────────┐
│              SKETCH/PHOTO               │
│                                         │
│                                         │
│                                         │
│                                         │
│                                         │
│                                         │
│                                         │
│                                         │
└─────────────────────────────────────────┘
```

## Yarn:

Color/Dye lot:
Fiber:
WPI:
Gauge:
Weight:

SAMPLE & LABEL

## Hook:

## Washing instructions:

## Additional notes:

# Project

**Name:** _____

For: _____ Occasion: _____

Start date: _____ End date: _____

## Type of project: _____

Name of pattern: _____

```
┌─────────────────────────────────────┐
│           SKETCH/PHOTO              │
│                                     │
│                                     │
│                                     │
│                                     │
│                                     │
│                                     │
│                                     │
└─────────────────────────────────────┘
```

## Yarn:

Color/Dye lot:
Fiber:
WPI:
Gauge:
Weight:

SAMPLE & LABEL

## Hook:

## Washing instructions:

## Additional notes:

# Project

**Name:** _____

For: _____  Occasion: _____
Start date: _____  End date: _____

## Type of project: _____

Name of pattern: _____

```
┌─────────────────────────────────────┐
│                                     │
│           SKETCH/PHOTO              │
│                                     │
│                                     │
│                                     │
│                                     │
│                                     │
│                                     │
│                                     │
│                                     │
└─────────────────────────────────────┘
```

## Yarn:

Color/Dye lot:
Fiber:
WPI:
Gauge:
Weight:

SAMPLE & LABEL

## Hook:

## Washing instructions:

## Additional notes:

# Project

**Name:** _____

For: _____ Occasion: _____

Start date: _____ End date: _____

## Type of project: _____

Name of pattern: _____

```
┌─────────────────────────────────────┐
│            SKETCH/PHOTO             │
│                                     │
│                                     │
│                                     │
│                                     │
│                                     │
│                                     │
│                                     │
│                                     │
└─────────────────────────────────────┘
```

## Yarn:

Color/Dye lot:
Fiber:
WPI:
Gauge:
Weight:

[ SAMPLE & LABEL ]

## Hook:

## Washing instructions:

## Additional notes:

# Project

**Name:** _____

For: _____ Occasion: _____
Start date: _____ End date: _____

## Type of project: _____

Name of pattern: _____

```
                    SKETCH/PHOTO
```

## Yarn:

Color/Dye lot:
Fiber:
WPI:
Gauge:
Weight:

SAMPLE & LABEL

## Hook:

## Washing instructions:

## Additional notes:

# Project

**Name:** _____

For: _____  Occasion: _____
Start date: _____  End date: _____

**Type of project:** _____

Name of pattern: _____

SKETCH/PHOTO

## Yarn:

Color/Dye lot: _____
Fiber: _____
WPI: _____
Gauge: _____
Weight: _____

SAMPLE & LABEL

## Hook: _____

## Washing instructions: _____

## Additional notes: _____

# Project

**Name:** _____

For: _____ Occasion: _____

Start date: _____ End date: _____

## Type of project: _____

Name of pattern: _____

SKETCH/PHOTO

## Yarn:

Color/Dye lot: _____
Fiber: _____
WPI: _____
Gauge: _____
Weight: _____

SAMPLE & LABEL

## Hook: _____

## Washing instructions: _____

## Additional notes: _____

# Project

**Name:** _____

For: _____   Occasion: _____

Start date: _____   End date: _____

**Type of project:** _____

Name of pattern: _____

```
┌─────────────────────────────────────┐
│                                     │
│           SKETCH/PHOTO              │
│                                     │
│                                     │
│                                     │
│                                     │
│                                     │
│                                     │
│                                     │
│                                     │
└─────────────────────────────────────┘
```

## Yarn:

Color/Dye lot:
Fiber:
WPI:
Gauge:
Weight:

SAMPLE & LABEL

## Hook:

## Washing instructions:

## Additional notes:

**Name:** _____

For: _____ Occasion: _____
Start date: _____ End date: _____

**Type of project:** _____

Name of pattern: _____

```
┌─────────────────────────────────────┐
│                                     │
│            SKETCH/PHOTO             │
│                                     │
│                                     │
│                                     │
│                                     │
│                                     │
│                                     │
│                                     │
│                                     │
│                                     │
└─────────────────────────────────────┘
```

## Yarn:

Color/Dye lot:
Fiber:
WPI:
Gauge:
Weight:

SAMPLE & LABEL

## Hook:

## Washing instructions:

## Additional notes:

# Project

**Name:** _____

For: _____ Occasion: _____

Start date: _____ End date: _____

**Type of project:** _____

Name of pattern: _____

```
┌─────────────────────────────────────┐
│                                     │
│           SKETCH/PHOTO              │
│                                     │
│                                     │
│                                     │
│                                     │
│                                     │
│                                     │
│                                     │
└─────────────────────────────────────┘
```

## Yarn:

Color/Dye lot:
Fiber:
WPI:
Gauge:
Weight:

SAMPLE & LABEL

## Hook:

## Washing instructions:

## Additional notes:

# Project

**Name:** _____

For: _____ Occasion: _____
Start date: _____ End date: _____

## Type of project: _____

Name of pattern: _____

```
SKETCH/PHOTO
```

## Yarn:

Color/Dye lot:
Fiber:
WPI:
Gauge:
Weight:

SAMPLE & LABEL

## Hook:

## Washing instructions:

## Additional notes:

# Project

**Name:** _____

For: _____ Occasion: _____

Start date: _____ End date: _____

**Type of project:** _____

Name of pattern: _____

SKETCH/PHOTO

## Yarn:

Color/Dye lot:
Fiber:
WPI:
Gauge:
Weight:

SAMPLE & LABEL

## Hook:

## Washing instructions:

## Additional notes:

## Name:

For: _____ Occasion: _____
Start date: _____ End date: _____

## Type of project:

Name of pattern: _____

SKETCH/PHOTO

## Yarn: _____

Color/Dye lot: _____
Fiber: _____
WPI: _____
Gauge: _____
Weight: _____

[ SAMPLE & LABEL ]

## Hook: _____

## Washing instructions: _____

## Additional notes: _____

— *Project* —

**Name:**

For: _____  Occasion: _____
Start date: _____  End date: _____

## Type of project:

Name of pattern: _____

```
SKETCH/PHOTO
```

## Yarn:

Color/Dye lot:
Fiber:
WPI:
Gauge:
Weight:

SAMPLE & LABEL

## Hook:

## Washing instructions:

## Additional notes:

# Project

**Name:** _____

For: _____  Occasion: _____
Start date: _____  End date: _____

## Type of project: _____

Name of pattern: _____

```
┌─────────────────────────────────────┐
│                                     │
│           SKETCH/PHOTO              │
│                                     │
│                                     │
│                                     │
│                                     │
│                                     │
│                                     │
│                                     │
│                                     │
│                                     │
└─────────────────────────────────────┘
```

## Yarn:

Color/Dye lot:
Fiber:
WPI:
Gauge:
Weight:

SAMPLE & LABEL

## Hook:

## Washing instructions:

## Additional notes:

# *Project*

**Name:**

For: _____ Occasion: _____
Start date: _____ End date: _____

**Type of project:**

Name of pattern:

SKETCH/PHOTO

## Yarn:

Color/Dye lot:
Fiber:
WPI:
Gauge:
Weight:

SAMPLE & LABEL

## Hook:

## Washing instructions:

## Additional notes:

# Project

**Name:** _____

For: _____ Occasion: _____
Start date: _____ End date: _____

## Type of project: _____

Name of pattern: _____

```
┌─────────────────────────────────────┐
│           SKETCH/PHOTO              │
│                                     │
│                                     │
│                                     │
│                                     │
│                                     │
│                                     │
│                                     │
│                                     │
└─────────────────────────────────────┘
```

## Yarn:

Color/Dye lot:
Fiber:
WPI:
Gauge:
Weight:

SAMPLE & LABEL

## Hook:

## Washing instructions:

## Additional notes:

# Project

**Name:** _____

For: _____  Occasion: _____

Start date: _____  End date: _____

## Type of project: _____

Name of pattern: _____

```
SKETCH/PHOTO
```

## Yarn:

Color/Dye lot:
Fiber:
WPI:
Gauge:
Weight:

SAMPLE & LABEL

## Hook:

## Washing instructions:

## Additional notes:

# Project

**Name:** _____

For: _____ Occasion: _____

Start date: _____ End date: _____

## Type of project: _____

Name of pattern: _____

SKETCH/PHOTO

## Yarn:

Color/Dye lot:
Fiber:
WPI:
Gauge:
Weight:

SAMPLE & LABEL

## Hook:

## Washing instructions:

## Additional notes:

# Project

**Name:**

For: _____  Occasion: _____
Start date: _____  End date: _____

## Type of project:

Name of pattern: _____

SKETCH/PHOTO

## Yarn:

Color/Dye lot:
Fiber:
WPI:
Gauge:
Weight:

SAMPLE & LABEL

## Hook:

## Washing instructions:

## Additional notes:

# Project

**Name:** _____

For: _____ Occasion: _____
Start date: _____ End date: _____

## Type of project: _____

Name of pattern: _____

```
SKETCH/PHOTO
```

## Yarn:

Color/Dye lot:
Fiber:
WPI:
Gauge:
Weight:

SAMPLE & LABEL

## Hook:

## Washing instructions:

## Additional notes:

# Project

**Name:** _____

For: _____ Occasion: _____

Start date: _____ End date: _____

## Type of project: _____

Name of pattern: _____

```
SKETCH/PHOTO
```

## Yarn:

Color/Dye lot:
Fiber:
WPI:
Gauge:
Weight:

SAMPLE & LABEL

## Hook:

## Washing instructions:

## Additional notes:

# Project

**Name:** _____

For: _____ Occasion: _____
Start date: _____ End date: _____

## Type of project: _____

Name of pattern: _____

```
SKETCH/PHOTO
```

## Yarn:

Color/Dye lot:
Fiber:
WPI:
Gauge:
Weight:

SAMPLE & LABEL

## Hook:

## Washing instructions:

## Additional notes:

# Project

**Name:** _____

For: _____ Occasion: _____

Start date: _____ End date: _____

## Type of project: _____

Name of pattern: _____

SKETCH/PHOTO

## Yarn:

Color/Dye lot: _____
Fiber: _____
WPI: _____
Gauge: _____
Weight: _____

SAMPLE & LABEL

## Hook: _____

## Washing instructions: _____

## Additional notes: _____

**Name:** _____

For: _____ Occasion: _____

Start date: _____ End date: _____

**Type of project:** _____

Name of pattern: _____

```
┌─────────────────────────────────────┐
│                                     │
│            SKETCH/PHOTO             │
│                                     │
│                                     │
│                                     │
│                                     │
│                                     │
│                                     │
│                                     │
│                                     │
└─────────────────────────────────────┘
```

## Yarn:

Color/Dye lot:
Fiber:
WPI:
Gauge:
Weight:

SAMPLE & LABEL

## Hook:

## Washing instructions:

## Additional notes:

# Project

**Name:** _____

For: _____  Occasion: _____
Start date: _____  End date: _____

## Type of project: _____

Name of pattern: _____

```
SKETCH/PHOTO
```

## Yarn:

Color/Dye lot:
Fiber:
WPI:
Gauge:
Weight:

SAMPLE & LABEL

## Hook:

## Washing instructions:

## Additional notes:

**Name:**

For: Occasion:
Start date: End date:

**Type of project:**

Name of pattern:

SKETCH/PHOTO

## Yarn:

Color/Dye lot:
Fiber:
WPI:
Gauge:
Weight:

SAMPLE & LABEL

## Hook:

## Washing instructions:

## Additional notes:

# Project

**Name:**

For: _____ Occasion: _____
Start date: _____ End date: _____

## Type of project:

Name of pattern: _____

## Yarn:

Color/Dye lot:
Fiber:
WPI:
Gauge:
Weight:

SAMPLE & LABEL

## Hook:

## Washing instructions:

## Additional notes:

# Project

**Name:** _____

For: _____ Occasion: _____

Start date: _____ End date: _____

## Type of project: _____

Name of pattern: _____

[ SKETCH/PHOTO ]

## Yarn:

Color/Dye lot:
Fiber:
WPI:
Gauge:
Weight:

SAMPLE & LABEL

## Hook:

## Washing instructions:

## Additional notes:

# Project

**Name:** _____

For: _____ Occasion: _____
Start date: _____ End date: _____

**Type of project:** _____

Name of pattern: _____

```
SKETCH/PHOTO
```

**Yarn:**

Color/Dye lot:
Fiber:
WPI:
Gauge:
Weight:

SAMPLE & LABEL

**Hook:**

**Washing instructions:**

**Additional notes:**

## Name:

For: _____ Occasion: _____

Start date: _____ End date: _____

## Type of project:

Name of pattern: _____

```
SKETCH/PHOTO
```

## Yarn:

Color/Dye lot:
Fiber:
WPI:
Gauge:
Weight:

SAMPLE & LABEL

## Hook:

## Washing instructions:

## Additional notes:

# Project

**Name:** _____

For: _____ Occasion: _____
Start date: _____ End date: _____

## Type of project: _____

Name of pattern: _____

```
SKETCH/PHOTO
```

## Yarn:

Color/Dye lot:
Fiber:
WPI:
Gauge:
Weight:

SAMPLE & LABEL

## Hook:

## Washing instructions:

## Additional notes:

**Name:** _____

For: _____ Occasion: _____
Start date: _____ End date: _____

**Type of project:** _____

Name of pattern: _____

SKETCH/PHOTO

## Yarn:

Color/Dye lot:
Fiber:
WPI:
Gauge:
Weight:

SAMPLE & LABEL

## Hook:

## Washing instructions:

## Additional notes:

# Project

**Name:** _____

For: _____ Occasion: _____
Start date: _____ End date: _____

## Type of project: _____

Name of pattern: _____

SKETCH/PHOTO

## Yarn:

Color/Dye lot:
Fiber:
WPI:
Gauge:
Weight:

SAMPLE & LABEL

## Hook:

## Washing instructions:

## Additional notes:

# Project

**Name:** _____

For: _____ Occasion: _____

Start date: _____ End date: _____

## Type of project: _____

Name of pattern: _____

```
SKETCH/PHOTO
```

## Yarn:

Color/Dye lot:
Fiber:
WPI:
Gauge:
Weight:

SAMPLE & LABEL

## Hook:

## Washing instructions:

## Additional notes:

**Name:**

For: _____  Occasion: _____

Start date: _____  End date: _____

**Type of project:** _____

Name of pattern: _____

SKETCH/PHOTO

## Yarn:

Color/Dye lot:
Fiber:
WPI:
Gauge:
Weight:

SAMPLE & LABEL

## Hook:

## Washing instructions:

## Additional notes:

# Project

**Name:** _____

For: _____  Occasion: _____

Start date: _____  End date: _____

## Type of project: _____

Name of pattern: _____

```
┌─────────────────────────────────────────┐
│                                         │
│            SKETCH/PHOTO                 │
│                                         │
│                                         │
│                                         │
│                                         │
│                                         │
│                                         │
│                                         │
│                                         │
│                                         │
└─────────────────────────────────────────┘
```

## Yarn:

Color/Dye lot: _____
Fiber: _____
WPI: _____
Gauge: _____
Weight: _____

SAMPLE & LABEL

## Hook: _____

## Washing instructions: _____

## Additional notes: _____

# Project

**Name:** _____

For: _____  Occasion: _____

Start date: _____  End date: _____

## Type of project: _____

Name of pattern: _____

```
┌─────────────────────────────────────────┐
│            SKETCH/PHOTO                 │
│                                         │
│                                         │
│                                         │
│                                         │
│                                         │
│                                         │
│                                         │
│                                         │
│                                         │
└─────────────────────────────────────────┘
```

## Yarn:

Color/Dye lot: _____
Fiber: _____
WPI: _____
Gauge: _____
Weight: _____

SAMPLE & LABEL

## Hook: _____

## Washing instructions: _____

## Additional notes: _____

**Name:**

For: _____  Occasion: _____

Start date: _____  End date: _____

**Type of project:** _____

Name of pattern: _____

SKETCH/PHOTO

## Yarn:

Color/Dye lot:
Fiber:
WPI:
Gauge:
Weight:

SAMPLE & LABEL

## Hook:

## Washing instructions:

## Additional notes:

**Name:**

For: _____  Occasion: _____

Start date: _____  End date: _____

**Type of project:** _____

Name of pattern: _____

SKETCH/PHOTO

## Yarn:

Color/Dye lot: _____
Fiber: _____
WPI: _____
Gauge: _____
Weight: _____

SAMPLE & LABEL

## Hook: _____

## Washing instructions: _____

## Additional notes: _____

**Name:**

For: _____ Occasion: _____
Start date: _____ End date: _____

**Type of project:** _____

Name of pattern: _____

```
┌─────────────────────────────────────┐
│                                     │
│           SKETCH/PHOTO              │
│                                     │
│                                     │
│                                     │
│                                     │
│                                     │
│                                     │
│                                     │
│                                     │
│                                     │
└─────────────────────────────────────┘
```

## Yarn:

Color/Dye lot:
Fiber:
WPI:
Gauge:
Weight:

SAMPLE & LABEL

## Hook:

## Washing instructions:

## Additional notes:

**Name:** _____

For: _____ Occasion: _____
Start date: _____ End date: _____

**Type of project:** _____

Name of pattern: _____

SKETCH/PHOTO

## Yarn:

Color/Dye lot:
Fiber:
WPI:
Gauge:
Weight:

SAMPLE & LABEL

## Hook:

## Washing instructions:

## Additional notes:

# Project

**Name:** _____

For: _____  Occasion: _____

Start date: _____  End date: _____

## Type of project: _____

Name of pattern: _____

```
┌─────────────────────────────────────┐
│                                     │
│          SKETCH/PHOTO               │
│                                     │
│                                     │
│                                     │
│                                     │
│                                     │
│                                     │
│                                     │
│                                     │
└─────────────────────────────────────┘
```

## Yarn:

Color/Dye lot:
Fiber:
WPI:
Gauge:
Weight:

SAMPLE & LABEL

## Hook:

## Washing instructions:

## Additional notes:

# Project

**Name:** _____

For: _____  Occasion: _____
Start date: _____  End date: _____

## Type of project: _____

Name of pattern: _____

SKETCH/PHOTO

## Yarn:

Color/Dye lot:
Fiber:
WPI:
Gauge:
Weight:

SAMPLE & LABEL

## Hook:

## Washing instructions:

## Additional notes:

──  ──

**Name:**

For: _____  Occasion: _____

Start date: _____  End date: _____

**Type of project:**

Name of pattern: _____

```
┌─────────────────────────────────────┐
│                                     │
│           SKETCH/PHOTO              │
│                                     │
│                                     │
│                                     │
│                                     │
│                                     │
│                                     │
│                                     │
│                                     │
└─────────────────────────────────────┘
```

## Yarn:

Color/Dye lot:
Fiber:
WPI:
Gauge:
Weight:

SAMPLE & LABEL

## Hook:

## Washing instructions:

## Additional notes:

---  ---

**Name:** _____

For: _____ Occasion: _____
Start date: _____ End date: _____

**Type of project:** _____

Name of pattern: _____

```
SKETCH/PHOTO
```

## Yarn:

Color/Dye lot:
Fiber:
WPI:
Gauge:
Weight:

SAMPLE & LABEL

## Hook:

## Washing instructions:

## Additional notes:

## Project

**Name:** _____

For: _____  Occasion: _____
Start date: _____  End date: _____

## Type of project: _____

Name of pattern: _____

<br>

*SKETCH/PHOTO*

## Yarn:

Color/Dye lot:
Fiber:
WPI:
Gauge:
Weight:

SAMPLE & LABEL

## Hook:

## Washing instructions:

## Additional notes:

# Project

**Name:** _____

For: _____ Occasion: _____
Start date: _____ End date: _____

## Type of project: _____

Name of pattern: _____

SKETCH/PHOTO

**Yarn:**

Color/Dye lot:
Fiber:
WPI:
Gauge:
Weight:

SAMPLE & LABEL

**Hook:**

**Washing instructions:**

**Additional notes:**

# Project

**Name:** _____

For: _____ Occasion: _____
Start date: _____ End date: _____

**Type of project:** _____

Name of pattern: _____

```
SKETCH/PHOTO
```

## Yarn:

Color/Dye lot:
Fiber:
WPI:
Gauge:
Weight:

SAMPLE & LABEL

## Hook:

## Washing instructions:

## Additional notes:

# Project

**Name:** _____

For: _____ Occasion: _____
Start date: _____ End date: _____

## Type of project: _____

Name of pattern: _____

SKETCH/PHOTO

**Yarn:** _____

Color/Dye lot: _____
Fiber: _____
WPI: _____
Gauge: _____
Weight: _____

SAMPLE & LABEL

**Hook:** _____

**Washing instructions:** _____

**Additional notes:** _____
_____
_____
_____
_____
_____
_____
_____
_____

— — — — — *Project* — — — — —

**Name:** _____

For: _____ Occasion: _____
Start date: _____ End date: _____

**Type of project:** _____

Name of pattern: _____

```
┌─────────────────────────────────────┐
│           SKETCH/PHOTO              │
│                                     │
│                                     │
│                                     │
│                                     │
│                                     │
│                                     │
│                                     │
│                                     │
└─────────────────────────────────────┘
```

## Yarn:

Color/Dye lot:
Fiber:
WPI:
Gauge:
Weight:

SAMPLE & LABEL

## Hook:

## Washing instructions:

## Additional notes:

# *Project*

**Name:** _____

For: _____ Occasion: _____

Start date: _____ End date: _____

## Type of project: _____

Name of pattern: _____

```
SKETCH/PHOTO
```

## Yarn:

Color/Dye lot:
Fiber:
WPI:
Gauge:
Weight:

SAMPLE & LABEL

## Hook:

## Washing instructions:

## Additional notes:

## Name:

For: _____ Occasion: _____
Start date: _____ End date: _____

## Type of project:

Name of pattern: _____

```
SKETCH/PHOTO
```

## Yarn:

Color/Dye lot:
Fiber:
WPI:
Gauge:
Weight:

SAMPLE & LABEL

## Hook:

## Washing instructions:

## Additional notes:

# Project

**Name:** _____

For: _____ Occasion: _____
Start date: _____ End date: _____

## Type of project: _____

Name of pattern: _____

[ SKETCH/PHOTO ]

## Yarn:

Color/Dye lot:
Fiber:
WPI:
Gauge:
Weight:

SAMPLE & LABEL

## Hook:

## Washing instructions:

## Additional notes:

# Project

**Name:** _____

For: _____ Occasion: _____
Start date: _____ End date: _____

## Type of project: _____

Name of pattern: _____

```
┌─────────────────────────────────────┐
│                                     │
│           SKETCH/PHOTO              │
│                                     │
│                                     │
│                                     │
│                                     │
│                                     │
│                                     │
│                                     │
└─────────────────────────────────────┘
```

## Yarn:

Color/Dye lot:
Fiber:
WPI:
Gauge:
Weight:

SAMPLE & LABEL

## Hook:

## Washing instructions:

## Additional notes:

—  —

**Name:**

For: _____  Occasion: _____
Start date: _____  End date: _____

**Type of project:** _____

Name of pattern: _____

SKETCH/PHOTO

## Yarn:

Color/Dye lot:
Fiber:
WPI:
Gauge:
Weight:

SAMPLE & LABEL

## Hook:

## Washing instructions:

## Additional notes:

Made in the USA
Middletown, DE
15 October 2020